DE LA NÉCESSITÉ

DE PRESCRIRE UNE RÈGLE POSITIVE

POUR L'EMPLOI

DES SOMMES AFFECTÉES A L'AMORTISSEMENT,

DANS LE CAS DE L'ADOPTION

DES PROJETS MINISTÉRIELS

SUR LA DETTE PUBLIQUE,

Par Armand Séguin.

Cherchons à n'être *dupes* de personne,
Ne devenons jamais la *risée* de qui que ce soit.

PARIS,
DE L'IMPRIMERIE DE A. HENRY,
RUE GÎT-LE-CŒUR, N° 8.

AVRIL 1825.

DE LA NÉCESSITÉ

DE PRESCRIRE UNE RÈGLE POSITIVE

POUR L'EMPLOI

DES SOMMES AFFECTÉES A L'AMORTISSEMENT,

DANS LE CAS DE L'ADOPTION

DES PROJETS MINISTÉRIELS

SUR LA DETTE PUBLIQUE.

DE LA NÉCESSITÉ

DE PRESCRIRE UNE RÈGLE POSITIVE

POUR L'EMPLOI

DES SOMMES AFFECTÉES A L'AMORTISSEMENT,

DANS LE CAS DE L'ADOPTION

DES PROJETS MINISTÉRIELS

SUR LA DETTE PUBLIQUE.

Par Armand Séguin.

Cherchons à n'être *dupes* de personne;
Ne devenons jamais la *risée* de qui que ce soit.

PARIS,

DE L'IMPRIMERIE DE A. HENRY,
RUE GÎT-LE-COEUR, N° 8.

AVRIL 1825.

DE LA NÉCESSITÉ

De prescrire une règle positive pour l'emploi des sommes affectées à l'amortissement, dans le cas de l'adoption des projets ministériels sur la dette publique.

But de cet écrit.

Si les projets ministériels étaient adoptés, il existerait en concurrence sur la place des 3 et des 5 pour 100.

Laquelle des extinctions de ces valeurs présenterait, à égalité de moyens amortissans, le plus d'avantages pécuniaires ?

Cette question est d'une telle importance, que si, d'*avance*, les bases n'en étaient pas *posées* et *arrêtées*, nous serions, pendant plus de cinquante années, *dominés*, relativement aux *funestes conséquences* de notre dette rentière, par l'*infaillibilité ministérielle.*

Y aurait-il donc aussi NÉCESSITÉ de nous *confier* à une telle nature de *sécurité?*

Hélas! SI LE ROI SAVAIT!....

Bases de cet écrit.

La Commission de surveillance de la caisse d'amortissement a déjà, par l'organe de son *respectable* rapporteur, fait entrevoir, dans le cas de l'adoption des projets ministériels, le *besoin* de nouvelles dispositions législatives pour *régler l'emploi des fonds de l'amortissement.*

« Chacune des divisions de la dette (a-t-il dit)
» sera-t-elle pourvue d'un fonds d'amortisse-
» ment spécial et proportionnel ? . . . . .

» L'amortissement devra-t-il s'arrêter devant
» toute proportion de la dette qui dépassera son
» pair, lors même qu'encore à ce taux il aurait
» pu éteindre un intérêt plus onéreux pour le
» trésor royal ?

« Tel fonds d'amortissement, détourné de sa
» destination première, devra-t-il immédiate-
» ment agir sur une autre division de la dette
» en concurrence avec son fonds d'amortisse-
» ment propre ? ou l'action pourra-t-elle être
» discrétionnairement suspendue pour secourir
» plus efficacement ensuite, par sa masse accrue,
» l'effet public, dont le cours serait le plus dé-
» primé ?

» L'amortissement devra-t-il régler ses préfé-
» rences en raison de l'importance du capital
» qu'il racheterait, ou de l'intérêt qu'il étein-
» drait ? »

EMPLOI

de la Puissance amortissante par suite du texte des projets de loi.

L'article 3 du second projet ministériel est ainsi conçu :

« A dater du 22 mars 1825, les sommes affec-
» tées à l'amortissement, ne pourront plus
» être employées au rachat des fonds publics
» dont le cours serait supérieur au pair. »

D'où il résulte nécessairement que, dans ce cas, les sommes affectées à l'amortissement devront être employées au rachat des fonds publics, dont le cours sera inférieur à leur pair, c'est-à-dire à leur valeur nominale.

Mais il existe deux autres positions, non moins importantes, dont la direction devrait être *établie*, et qui, cependant, restent sans *guide*.

PREMIÈRE POSITION.

Si le cours de toutes les natures de rentes existantes sur la place dépasse leur pair, quel emploi fera-t-on des sommes consacrées à leur amortissement ?

DEUXIÈME POSITION.

Si le cours de toutes les natures de rentes existantes sur la place sont inférieures à leur pair, à quelle nature de rentes destinera-t-on les sommes consacrées à l'amortissement ; et, en cas de partage dans cet emploi, quelle en sera la proportion relative ?

OBSERVATIONS

sur la première Position.

Que faire des fonds inactifs de l'amortissement ?

Dans le cas où toutes les natures de rentes seraient au dessus du pair, que ferait-on des fonds d'amortissement ?

En déchargerait-on les contribuables ?

Ni légalement, ni convenablement, cela ne pourrait se faire.

Légalement : parce que, ainsi que le dit, avec le sentiment consciencieux et de justice qui le caractérise, le Rapporteur de la Commission de surveillance ;

« *La première des nécessités sociales est la* » *foi des contrats.* »

Convenablement : parce que, en cas de changement de situation, il faudrait alternativement recharger les contribuables de ce dont on les aurait déchargés ; et parce que, d'ailleurs, l'intervalle entre deux budgets étant d'une année, les besoins intermédiaires, par alternatives de cours, ne pourraient *être satisfaits.*

Il faudrait donc faire de ces fonds d'amortissement un emploi quelconque et momentané, ou n'en rien faire.

Ce second mode serait *préjudiciable* à l'interêt des contribuables.

Le premier mode aurait-il une application préfixe ? ou serait-il, dans son application, laissé à l'*arbitraire*, ou, si l'on veut, aux *convenances* et à la *haute sagesse du ministère ?*

Quoi qu'il en puisse être, au moins serait-il juste, convenant, indispensable, que, d'avance, on sût sur quoi compter.

Viendrait-on dire, pour toute réponse et pour éluder la question, que prévoir le cas d'une élévation, au dessus du pair, du prix de tous les effets publics, serait la *précaution inutile* ; que le cas n'arrivera jamais; que, dès-lors, la question est *oiseuse*, et qu'il n'y aurait point à s'en occuper ?

L'observation serait *commode* sans doute, mais *déraisonnable*.

L'élévation, au dessus du pair, des rentes 5 et 3 pour 100, est *possible* : elle doit donc être *prévue* ; il y a donc *nécessité* de dispositions législatives pour déterminer l'emploi, dans ce cas, des fonds de l'amortissement.

Le projet ministériel (art. 3) ne prévoit-il pas lui-même le cas de cette élévation des effets publics au dessus du pair, quand il interdit tout emploi de fonds au rachat des effets publics dont le cours serait supérieur au pair ?

Mais que ferait-on des sommes affectées à l'amortissement, quand, dans les termes de cet article 3, ces sommes resteront sans emploi déterminé, *le cours des fonds publics étant supérieur au pair ?*

Ce serait perte pour les contribuables que de n'en rien faire.

Sousentendrait-on, par l'absence de toutes dispositions légales sous ce rapport, en remettre et confier l'emploi à la *discrétion ministérielle ?*

Quel que puisse être le degré de confiance qu'on soit disposé à accorder aux ministères en général, toujours serait-il incontestable que cette confiance ne saurait être *invariablement* la même à toutes les époques, sur-tout dans la position où se trouvent aujourd'hui la France, l'état des choses et des affaires ; circonstances qui donnent à notre avenir une *teinte* bien *problématique*.

OBSERVATIONS

sur la deuxième Position.

A quelle nature de rentes devra-t-on, de préférence, appliquer les fonds d'amortissement?

Si plusieurs de nos natures de rentes sont au dessous du pair, à laquelle de ces rentes devraient s'appliquer les fonds d'amortissement? où s'il doit y avoir partage de ces fonds, dans quelle proportion devra-t-il exister ?

Cette question a déjà excité la sollicitude publique.

L'amendement de M. Humann, à la Chambre des Députés, a été combattu par M. le Président du conseil des ministres qui, à cette occasion, a mis au jour ses *opinions* et la probabilité de sa *direction.*

Nous avons dès-lors l'avantage de nous trouver placés, dans ce genre de discussion, sur un terrain choisi par le ministère, et que dès-lors il ne peut plus déserter.

M. Humann avait proposé de rédiger ainsi l'article 3 du second projet ministériel (je soulignerai le texte de l'amendement) :

« A dater du 22 mars 1825, les sommes affec-
» tées à l'amortissement ne pourront plus être
» employées au rachat des fonds publics dont le
» cours serait supérieur au pair. *Elles seront em-*
» *ployées à racheter, de préférence, ceux des*
» *effets publics au dessous du pair, qui sont cons-*
» *titués à l'intérêt le plus élevé.* »

En réponse au développement de cet amendement, M. le Président du conseil des ministres a dit qu'il importait à l'État de racheter celui des effets, 3 ou 5 pour cent, dont le rachat présenterait le plus d'avantage pécuniaire ; d'où il tire la conséquence, que la proposition de M. Humann consistant à « racheter de préférence ceux des
» effets au dessous du pair, qui sont constitués
» à l'intérêt le plus élevé, » serait contraire à l'intérêt de l'État et à celui des rentiers.

« J'ai cherché (dit-il) à rendre sensible à la
» Chambre cette vérité, par des moyens que j'ai
» employés moi-même pour étudier la question,
» avant de la lui soumettre ; j'ai fait distribuer,
» aujourd'hui, le résultat comparatif de l'em-
» ploi supposé du fonds d'amortissement à
» 77,500,000 fr. soit en rentes à 3 pour 100, soit

» en rentes à 5 pour 100. Un simple coup d'œil, » sur ce tableau, fera voir à la Chambre, en pre- » nant la première combinaison et la dernière, » qu'il ne s'agit point ici d'une combinaison qui » puisse être graduée sans égard à aucune autre » combinaison. Ainsi, si l'on achetait des 5 » pour 100, à 110 fr., lorsque les 3 pour 100 » sont à 85 fr., on gagnerait 787,000 fr. sur les » intérêts de l'année, et l'on courrait la chance » de perdre 20,720,000 fr. sur le capital. Lorsque » les 3 pour 100 sont à 60, et les 5 pour 100 à » 85 fr., on trouve une singulière disproportion » entre les résultats; on ne gagne plus sur les » intérêts que 683,000 fr., c'est-à-dire, 100,000 fr. » de moins, et l'on perd le tout sur les chances » du capital.

» Cette observation suffit pour faire sentir à la » Chambre, qu'il y a ici une progression irrégu- » lière, suivant les divers cours, et qu'ainsi ap- » pliquer une règle positive à l'action de l'amor- » tissement, et à laquelle l'administration serait » obligée de se soumettre dans tous les cas, ce se- » rait s'exposer à faire, dans plusieurs circons- » tances, le contraire de ce qui est dans l'intérêt » de l'État, par conséquent dans celui du crédit » et des rentiers.

» Plaçons-nous dans une autre circonstance,

» (dit encore M. le Président du conseil des mi-
» nistres.) L'Etat sera sans doute par la suite
» obligé de faire des emprunts. Un emprunt con-
» senti, ordonné par la loi, ne viendra-t-il pas
» jeter le désordre dans toutes vos combinai-
» sons? Si chaque mois, par exemple, vous étiez
» dans le cas d'émettre sur la place une masse de
» rentes de 6,500,000 fr., et que vous eussiez à
» continuer cette émission pendant long-temps,
» vous obstineriez-vous à appliquer votre amor-
» tissement sur une rente préexistante, déjà
» classée, moitié amortie, moitié immobilisée,
» laissant la rente que vous émettriez chaque
» jour privée de l'action journalière de l'amortis-
» sement? Cette manière d'opérer comprimerait
» nécessairement votre crédit, et l'emprunt que
» vous auriez à faire, avec de pareilles condi-
» tions, ne serait consenti qu'à un taux bien in-
» férieur à celui que vous auriez pu obtenir, si
» l'action de votre amortissement avait été
» libre. »

Bien certainement, en cette circonstance, on ne reprochera pas à M. le Président du conseil des ministres de *ne pas jouer cartes sur table.*

Il léve, dés ce moment, toute incertitude sur mes pressentimens du chapitre des NÉCESSITÉS, en expliquant nettement ses intentions et ses combinaisons dans l'avenir, en cas, toutefois, que *Dieu permette qu'il les réalise.*

Il faudra donc *prochainement* avoir recours à de nouveaux *emprunts!*

Cela est plus que probable : M. le Président du conseil des ministres l'annonce, comme une NÉCESSITÉ future.

Cet emprunt pourra *exiger* mensuellement une *émission* de 6,500,000 fr. de rentes!

Cette émission mensuelle sera continuée pendant long-temps!

Même dans ce cas, il ne sera pas *créé* de nouveaux fonds d'amortissement.

Les fonds d'amortissement actuels, seront *enlevés* aux rentes *préexistantes*, pour être *exclusivement* appliqués aux nouvelles émissions.

Telle sera la loi des INÉVITABLES ?

Que deviendraient alors ces dispositions législatives sur l'amortissement, *pleines de vie*, puisqu'elles ne sont pas encore *rapportées?*

La loi du 29 floréal an 10 est ainsi conçue :

« Les 5 pour 100 consolidés ne pourront, dans » aucun temps, excéder 50 millions, et si, par » l'effet des consolidations restant à faire en vertu » des lois existantes, ou par des emprunts que « la loi autoriserait, la dette se trouvait aug» » mentée au delà de cinquante millions, cette » augmentation ne pourrait être faite sans qu'il » soit affecté un fonds d'amortissement suffisant » pour amortir, au plus tard enquinze ans, » l'excédant des 50 millions. »

D'après cette loi, même en considérant les sommes consacrées en ce moment à l'amortissement comme le résultat d'une dotation originaire, et non comme le résultat indispensable de l'action *continuée* et *accumulative* d'une dotation *primitive*, non-seulement on ne pourrait, ainsi que le proposent les projets, faire une *diminution* dans leur *importance*, mais il faudrait, au contraire, accroître cette *importance* de 30 millions par année.

Quant à l'application successive des mêmes fonds d'amortissement à de nouvelles dettes, application qu'on pourrait, sans trop *d'ironie*, qualifier de *mouvement perpétuel*, j'objecterai ce que j'ai dit ailleurs :

En principe général, toute adoption de remboursement par amortissement comporte la nécessité d'une action *proportionnelle* à la cause.

Chaque émission *exige* donc une dotation relative.

Vouloir appliquer à une création nouvelle de rentes, une dotation préexistante affectée pour l'extinction de rentes émises, est l'équivalent de prétendre pouvoir payer un *nouveau* créancier avec une assignation déjà appliquée à un créancier plus *ancien*.

Ce dernier dirait avec raison :

Qu'au moment où il avait prêté son capital, en se rendant possesseur de sa portion de rentes, la dotation applicable à la masse alors existante lui était connue ;

Qu'il n'avait eu dès-lors, pour apprécier la durée de l'amortissement ou de son remboursement, qu'à prendre la moyenne des probabilités de l'*éventualité* des cours de rachats ;

Que, d'après ces données, il avait compté sur un remboursemeut à des époques qu'il avait entrevues ;

Qu'il n'avait traité d'une négociation de rentes que sur la foi d'un état de choses alors existant, et qu'en le changeant on lui ravissait l'avantage certain pour lui de ne pas se dessaisir des rentes dont il avait fait sa propriété ;

Qu'ainsi, il se trouverait frustré d'une *amélioration* qu'il avait dû se promettre avec d'autant plus de *confiance*, que, la dotation de l'amortissement conservant sa *fixité*, la masse des rentes circulantes aurait suivi une *décroissance* progressive ;

Qu'en changeant ces rapports par de nouvelles négociations, sans dotation *proportionnelle*, on lui faisait perdre l'avantage d'une position de *convention* ;

Qu'en 1817, la dotation de la caisse était environ de 3 pour 100 du capital de la dette ;

Qu'en 1824, au moyen des nouvelles négociations, sans création de nouvelles dotations, la dotation de la caisse, ne se trouvera plus être que d'environ un pour cent du capital de la dette ;

Qu'ainsi, sous ce rapport, la disposition influente de la caisse sur la dette publique sera bien moins favorable en 1824 qu'elle ne l'a été en 1817 ;

Que cet amoindrissement pourrait tendre à affaiblir dans quelques esprits le désir qu'on aurait de se confier à *l'appui* que devrait constamment inspirer cette belle et si utile institution, et pourrait même suggérer *l'injuste* pensée que le *mobile* de sa sage et prudente organisation aurait été l'unique intention de *pourvoir* aux besoins urgens du gouvernement, sans entendre *maintenir* pour l'avenir un ordre de choses dans lequel ses prêteurs ou créanciers ont contracté.

Ces observations seraient de nature à faire d'autant plus d'impression, que ceux qui peuvent un jour éprouver le besoin de recourir à de nouveaux prêteurs, ont intérêt à ne pas oublier qu'il est toujours dangereux de *frustrer* le juste espoir d'une précédente *confiance*.

Il est donc incontestable qu'il serait, pour l'avenir, aussi *imprudent* que *contraire à la justice*, je dirais plus, à la *loi*, de se *prêter*, les besoins fussent-ils même le résultat de l'*impérieuse nécessité*, à de nouvelles négociations de rentes, sans le concours *simultané* d'une dotation *proportionnée*, et conséquemment sans création de *nouvel impôt*, ou sans maintien de portion d'impôt, dont autrement on aurait pu *soulager* les contribuables.

Quelque dussent être, au surplus, les dispositions relatives à ces questions, resteraient toujours celles de savoir :

1°. Si, en supposant l'adoption des projets, les fonds d'amortissement, *intacts* ou *restreints*, auraient un emploi *arbitraire*, dépendant *uniquement* de la volonté ministérielle.

2°. Si, ainsi que le dit M. le Président du Conseil des Ministres : « *Appliquer une règle* » *positive à l'action de l'amortissement, et à* » *laquelle l'administration serait obligée de se* » *soumettre dans tous les cas, ce serait s'ex-* » *poser à faire, dans plusieurs circonstances,* » *le contraire de ce qui est dans l'intérêt de* » *l'Etat, par conséquent, dans celui du crédit* » *et des rentiers.* »

3°. Enfin si, contrairement aux propositions de M. le Président du Conseil des Ministres, *des indications légales de l'application des fonds de l'amortissement, ne peuvent pas reposer sur des bases exactes, fixes et invariables.*

Pour mieux faire apprécier la solution de ces questions importantes, je présenterai d'abord le tableau qu'a fait distribuer M. le Président du Conseil des Ministres, « pour faire sentir qu'ap- » pliquer une règle *positive* à l'action de l'amor- » tissement, et à laquelle l'administration serait » obligée de se soumettre, dans tous les cas, ce » serait s'exposer à faire, dans plusieurs circons- » tances, le contraire de ce qui est dans l'inté- » rêt de l'Etat, par conséquent, dans celui du » crédit et des rentiers. »

RÉSULTAT COMPARATIF *de l'Emploi des Fonds d'amortissement* (supposé s'élever à 77,200,000 fr.) *en rachat de Rentes à 3 ou à 5 pour* 100.

COURS DES 3 POUR 100.	INTÉRÊTS.	DETTE ÉTEINTE DANS UNE ANNÉE, en capitaux.	en intérêts.	COURS DES 5 POUR 100.	INTÉRÊTS.	DETTE ÉTEINTE DANS UNE ANNÉE. en capitaux.	en intérêts.	DIFFÉRENCES QUE PRODUIRAIT la préférence donnée aux rachats des 5 pour 100. en moins sur les capitaux.	en plus sur les intérêts.
fr.	fr. c.	fr.	fr.	fr.	fr. c.	fr.	fr.	fr.	fr.
60	5. 00.	129,166,667.	3,875,000.	85.	5. 88.	91,176,471.	4,558,824.	37,990,196.	683,824.
61	4. 92.	127,049,180.	3,811,475.	86.	5. 81.	90,116,279.	4,505,814.	36,932,901.	694,339.
62	4. 84.	125,000,000.	3,750,000.	87.	5. 75.	89,080,460.	4,454,023.	35,919,540.	704,023.
63	4. 76.	123,015,873.	3,690,476.	88.	5. 68.	88,068,182.	4,403,409.	34,927,691.	712,933.
64	4. 69.	121,093,750.	3,632,812.	89.	5. 62.	87,078,652.	4,353,933.	34,015,098.	721,121.
65	4. 62.	119,230,769.	3,576,923.	90.	5. 56.	86,111,111.	4,305,556.	33,119,658.	728,633.
66	4. 55.	117,424,242.	3,522,727.	91.	5. 49.	85,164,835.	4,258,242.	32,259,407.	735,515.
67	4. 48.	115,671,642.	3,470,149.	92.	5. 43.	84,139,130.	4,211,956.	31,432,512.	741,807.
68.	4. 41.	113,970,588.	3,419,118.	93.	5. 37.	883,333,333.	4,166,667.	30,637,255.	747,549.
69.	4. 35.	112,318,841.	3,369,565.	94.	5. 32.	82,446,809.	4,122,340.	29,872,032.	752,775.
70.	4. 29.	110,714,267.	3,321,428.	95.	5. 26.	81,578,949.	4,078,947.	29,135,327.	757,519.
71.	4. 23.	109,154,900.	3,274,647.	96.	5. 21.	80,729,160.	4,036,458.	28,425,740.	761,811.
72.	4. 17.	107,638,900.	3,229,167.	97.	5. 15.	79,896,900.	3,994,845.	27,742,000.	765,678.
73.	4. 11.	106,164,367.	3,184,931.	98.	5. 10.	79,081,620.	3,954,081.	27,082,747.	769,150.
74.	4. 05.	104,729,733.	3,141,892.	99.	5. 05.	78,282,420.	3,914,141.	26,447,313.	772,249.
75.	4. 00.	103,333,333.	3,100,000.	100.	5. 00.	77,500,000.	3,875,000.	25,833,333.	775,000.
76.	3. 95.	101,973,667.	3,059,210.	101.	4. 95.	76,732,660.	3,836,633.	25,241,007.	777,423.
77.	3. 90.	100,649,333.	3,019,480.	102.	4. 90.	75,980,400.	3,799,020.	24 668,933.	779,540.
78.	3. 85.	99,358,967.	2,980,769.	103.	4. 85.	75,242,720.	3,762,136.	24,116,247.	781,367.
79.	3. 80.	98,101,267.	2,943,038.	104.	4. 81.	74,519,220.	3,725,961.	23,582,047.	782,923.
80.	3. 75.	96,875,090.	2,906,250.	105.	4. 76.	73,809,520.	3,690,476.	23,065,480.	784,226.
81.	3. 70.	95,679,000.	2,870,370.	106.	4. 72.	73,113,200.	3,655,660.	22,565,800.	785,290.
82.	3. 66.	94,512,167.	2,835,365.	107.	4. 67.	72,429,900.	3,621,495.	22,082,267.	786,130.
83.	3. 61.	93,373,500.	2,801,205.	108.	4. 63.	71,759,260.	3,587,963.	21,614,240.	786,758.
84.	3. 57.	92,261,900.	2,767,857.	109.	4. 59.	71,100,920.	3,555,046.	21,160,980.	787,189.
85.	3. 53.	91,176,467.	2,735,294.	110.	4. 55.	70,454,540.	3,522,727.	20,721,927.	787,433.

OBSERVATIONS

sur ce Tableau.

Si ce tableau, dont l'idée mère a une analogie bien prononcée avec celle du *milliard perdu et retrouvé*, n'était pas présenté par M. le Président du Conseil des Ministres, je me permettrais de dire que, *à l'instar du milliard perdu et retrouvé*, il est le *fruit* de la *ruse* ou de l'*incapacité*.

Heureusement ils finiront sans doute, *on doit le désirer et l'espérer*, par avoir l'un et l'autre le même sort.

D'abord M. le Président du Conseil des Ministres établit une comparaison entre la dernière et la première lignes des résultats de son tableau.

Cette comparaison est complètement *romanesque* et *fausse :* elle repose sur une supposition fort *inconcevable*.

M. le Président du Conseil des Ministres pose en fait, dans son travail, et comme objet de comparaison, des rachats de 5 pour 100 faits au cours de 110 fr.!

Mais l'art. 3 de son projet ministériel, qu'il suppose converti en loi, interdit tous rachats au dessus du pair.

Il n'existera donc pas de rachats de 5 pour 100 au taux de 110 fr.

Que devient dès-lors sa comparaison?

Elle pèche : elle induit en erreur.

Puis, il n'est pas non plus exact de dire (ainsi que l'indique M. le Président du Conseil des Ministres), qu'il y a une progression *irrégulière* dans les effets de l'amortissement, suivant les divers cours : ce qui ne permettrait pas d'appliquer une règle *fixe* à son action.

En effet, pour vérifier si, dans cette action de l'amortissement, il existerait, relativement à ses rachats suivant les divers cours, une progression *régulière*, comme cela est *constant*, ou *irrégulière* (comme l'*avance* M. le Président du Conseil des Ministres), il faudrait être juste dans tous les points de comparaison : il ne faudrait pas, comme dans le travail ministériel, changer et varier, à chaque divers cours, les rapports respectifs : il faudrait, en un mot, que les bases de chaque comparaison fussent dans un égal rapport.

Ainsi, en prenant comme point de comparaison ;

D'une part.	prix des 3 pour cent....	60 fr.
	prix des 5 pour cent....	85 fr.

Il faudrait prendre comme objet de comparaison.

D'autre part.	prix des 3 pour cent..	85 fr.
	prix des 5 pour cent..	120 2/3 f.

Ceci est d'une vérité qu'aucun raisonnement humain ne saurait *obscurcir*.

Si donc, on rétablissait, *dans le résultat comparatif*, l'exactitude des rapports sur ses différens cours, on trouverait que la progression ou la marche des résultats comparés *n'est point irrégulière*, et qu'elle est, au contraire, *très-régulière*.

D'après *les résultats comparatifs* donnés par

M. le Président du conseil des ministres, (*résultats* fort inexacts, comme on a pu déjà s'en convaincre), et d'après la direction de son opinion, le rachat des 5 pour cent serait pour toujours *anéanti*, tant qu'il existerait des 3 pour cent.

En effet, comme M. le Président du conseil des ministres pose comme principe que « il faut » racheter l'effet qu'il est le plus dans l'intérêt » de l'état de racheter, » et comme, dans son tableau, *d'après ses propositions et ses erreurs*, le rachat des trois pour cent présente *constamment* dans toutes ses comparaisons, un avantage pécuniaire sur le rachat des 5 pour cent, il en résulterait que, même au dessous du pair, la caisse ne pourrait jamais racheter des 5 pour cent, et devrait, au contraire, racheter de préférence des 3 pour cent.

Si M. le Président du conseil des ministres n'avait négligé aucun des élémens de son *résultat comparatif*, cette erreur ne lui serait sans doute pas échappée. Il ne l'aurait point insinuée comme une vérité incontestable, dans l'opinion dont il espérait le triomphe de ses projets.

Ainsi, *le résultat comparatif imprimé par ordre*, dont je viens de démontrer les *vices* sous plusieurs rapports, ne pourrait *qu'égarer* l'opinion ; et la question reste toujours entière, celle de savoir si, suivant les divers taux des fonds, il n'y aurait point *possibilité* d'établir une *règle positive* pour l'emploi de *préférence*, soit au rachat des 5 pour 100, soit à celui des 3 pour 100, des sommes affectées à l'amortissement.

Il importe donc toujours encore de se livrer à cette recherche.

Il va être démontré, et il va devenir *évident que cette règle positive peut être établie.*

Qui pourrait, par suite, douter de son *utilité ?*

Pour les contribuables, les avantages ou les désavantages des rachats de la dette publique proviennent de deux sources distinctes ; de l'évaluation du *capital nominal* ; de l'évaluation des arrérages de *rentes*.

Si, par suite de la comparaison, les deux natures d'avantages marchent dans le même sens, il n'est besoin, pour établir l'avantage total, d'aucune opération secondaire.

Mais si l'une de ces deux influences produit comparativement de la *perte*, tandis que l'autre produit du *bénéfice*, c'est le résultat de cette balance qui établit l'*avantage* ou le *désavantage* comparatifs pour l'amortissement.

En suivant cette marche, la seule *admissible*, il faut, surtout, ne pas prendre comme point de comparaison, des rachats de 5 pour 100 à des cours supérieurs au pair; ne pas se borner à deux seuls points fixes de comparaison; mais, au contraire, les établir à tous les cours possibles.

Ainsi, d'après les bases du projet de loi, les 5 pour 100 ne pouvant être rachetés au dessus du pair, tous les cours supérieurs au pair doivent être rayés de l'ordre des comparaisons, et conséquemment du tableau; car, au dessus du pair il n'y a point de rachat: puis, successivement tous les cours quelconques des 5 pour 100 au dessous du pair doivent être comparés à tous les cours, sans exception, des 3 pour 100.

En suivant cette marche, on trouve que, *contrairement au principe résultant des énonciations de M. le Président du Conseil des Ministres*, savoir que, *dans tous les cas*, *on devrait racheter de préférence des* 3 *pour* 100, *plutôt que des* 5 *pour* 100, on aurait, dans la plupart de ces cas, intérêt à racheter des 5 pour 100, plutôt que des 3 pour 100.

Je vais me faire mieux comprendre par des exemples.

Je suppose que la dotation soit, ainsi que le pose M. le President du Conseil des Ministres, de

77,500,000 fr.

Je suppose que le cours vénal des 5 pour 100, soit le cours le plus élevé auquel soit permis le rachat, savoir de

100 fr. pour 5 fr.

Je suppose que le cours vénal des 3 pour 100 soit de

80 fr. pour 3 fr.

Avec un fonds égal de 77,500,000 fr., on racheterait

En 3 p. % au cours de 80 fr. — 2,906,250 fr. rentes, au capital de 96,875,000 fr.

En 5 p. % au cours de 100 fr. — 3,875,000 fr. rentes, au capital de 77,500,000 fr.

Par comparaison, il y aurait
Avantage sur les 3 p. % de.... .... en capital — 19,375,000 fr.

Avantage sur les 5 p. % de.... 968,750 fr. en rentes qui représenteraient, au denier vingt, un capital éteint de.......... 19,375,000 fr.

Il y aurait donc égalité d'avantages à racheter, soit des 3 pour 100 au cours de 80 fr., soit des 5 pour 100 au cours de 100 fr.

D'où il résulte nécessairement qu'il y aurait désavantage pour l'Etat, le crédit, les rentiers et les contribuables en général, à racheter des 3 pour 100 au dessus de 80 fr., préférablement à des 5 pour 100 à 100 fr. et au dessous.

N'en résulte-t-il pas évidemment *une règle positive?* c'est-à-dire, que les sommes affectées à l'amortissement ne pourraient être employées, de *préférence*, aux rachats de 3 pour 100, qu'autant que leur cours serait inférieur à 80 fr., celui des 5 pour 100 se trouvant à 100 fr. et au dessous ; et que cette *préférence* sera donnée aux rentes 5 pour 100 dont le taux serait à 100 fr. et au dessous, celui des 3 pour 100 étant au-dessus de 80 fr.

Il me semble que, d'après un calcul vrai et bien simple, le problême; *que l'on trouvait insoluble*, d'une régle *positive*, se trouve ainsi *résolu.*

En établissant de semblables comparaisons à tous les cours *respectifs*, sans aucune exception, je suis parvenu à un mode d'énonciation bien simple, qui représente très-exactement, d'une manière générale, les *résultats* de ces comparaisons; le voici :

1°. *Lorsque le cours des 3 pour* 100 *égale les quatre cinquièmes du cours des 5 pour* 100; *lorsque, par exemple, le cours des 3 pour* 100 *est de* 80 *fr., tandis que le cours des 5 pour* 100 *est de* 100 *fr., il n'y a pas plus d'avantage à consacrer une dotation quelconque en rachats de 5 pour* 100 *qu'en rachats de 3 pour* 100.

2°. *Lorsque le cours des 3 pour* 100 *excède les quatre cinquièmes du cours des 5 pour* 100; *lorsque, par exemple, le cours des 3 pour* 100 *est de* 81 *fr., tandis que le cours des 5 pour* 100 *est de* 100 *fr., il y a plus d'avantage à consacrer une dotation quelconque en rachats de 5 pour* 100, *qu'en rachats de 3 pour* 100.

3°. *Lorsque le cours des 3 pour* 100 *est* moindre *que les quatre cinquièmes du cours des 5 pour* 100; *lorsque, par exemple, le cours des 3 pour* 100 *est de* 79 *fr., tandis que le cours des 5 pour* 100 *est de* 100 *fr.; il y a moins d'avantage à consacrer une dotation quelconque en rachats de* 5 *pour* 100, *qu'en rachats de* 3 *pour* 100.

M. le Président du Conseil des Ministres a cependant dit, dans son discours à la Chambre des Pairs, contenant les motifs du projet de loi sur la dette publique et l'amortissement : qu'après de mûres réflexions de sa part, il n'a trouvé aucune combinaison qui fût applicable à tous les cas prévoyables, relativement à la préférence importante et difficile à accorder aux rachats suivant les cours, soit des 3, soit des 5 pour 100.

C'est en raison de cette difficulté qu'il a proposé de s'en rapporter sur ce choix d'application au Directeur de la caisse d'amortissement.

On pourrait d'abord répondre à ce sujet à M. le Président du Conseil des Ministres :

Ce que le Directeur de l'amortissement pourra faire à chaque époque pour chaque cas particulier qui se présentera, on peut le faire tout aussi bien d'avance pour chacun des cours formant l'ensemble des cas possibles.

Il ne s'agit que d'établir cet ensemble, sans négliger aucun des cas qui doivent y trouver place.

Le moyen de faciliter toutes les données de ce travail, est d'en centraliser tous les résultats, sous la forme de généralités, et de se restreindre à une seule formule applicable, sans exception, à tous les cas, quels qu'ils soient et quels qu'ils puissent être.

Tel est le but que je me suis proposé; tel est le but qu'il m'a été bien possible d'atteindre.

En suivant la route que s'était tracée M. le Président du Conseil des Ministres, on ne pourrait que s'écarter du but.

Ses bases étant *fausses*, ses résultats devaient être inexacts; ses conséquences devaient être *contraires à la vérité.*

Il est donc de toute *évidence*, qu'après avoir approfondi tous les cas possibles, et en avoir déduit des principes de généralités, on peut poser des bases de direction applicables à toutes les combinaisons possibles, sans aucunes exceptions.

Sous ces divers aspects, c'est encore bien à tort que M. le Président du Conseil des Ministres a dit à la Chambre des Pairs :

« Pour fixer sans dommage, dans la loi elle-

» même, les règles d'après lesquelles le fonds de » l'amortissement sera toujours appliqué au ra- » chat de la dette, il faudrait entrer dans des » détails infinis, difficiles à rendre, prêtant à » l'arbitraire par la nécessité continuelle des in- » terprétations, et il resterait encore tous les cas » extraordinaires des divers cours extrêmes. Ces » cas extraordinaires n'ayant pu être pris en » considération, l'opération serait le plus sou- » vent faite en contradiction avec l'intérêt gé- » néral; au lieu que, dans le système de la loi, » le Directeur de la caisse d'amortissement, juge » naturel et éclairé de l'utilité de l'emploi de ses » fonds, pourra toujours les diriger vers les » rentes, dont le rachat offrira le plus d'avantage » au trésor, libre qu'il sera de les partager, en- » tre celles de ces rentes qui seraient accidentel- » lement dans une situation qui le laisserait dans » le doute sur la préférence à leur accorder. »

Telle est la proposition de M. le président du Conseil des Ministres.

Ma proposition, au contraire, serait d'imposer une règle fixe et positive, simple, commode, *infaillible*, qui ne laisserait point à la discrétion et à l'arbitraire de l'administration une disposition, chaque année, de près de 80 millions.

Cette régle n'était point la régle *introuvable*, et je l'ai précédemment donnée.

Avec cette régle, en admettant un fonds, quel qu'il soit, d'amortissement, et un cours quelconque des 3 et des 5 pour 100, chacun pourra, à l'aide du plus simple calcul, même sans calcul, à la vue du tableau qu'on trouvera page 40, facilement, à l'instant même, indiquer quel sera le choix d'emploi qui présentera le plus d'avantages pécuniaires.

M. le Président du Conseil des Ministres a donc *fait erreur* dans son résultat comparatif, et en disant et proclamant que :

« Appliquer une régle positive à l'action de » l'amortissement, et à laquelle l'administration » serait obligée de se soumettre, dans tous les » cas, ce serait s'exposer à faire, dans plusieurs » circonstances, le contraire de ce qui est dans » l'intérêt de l'État, par conséquent, dans celui » du crédit et des rentiers.

» Une dernière considération (ajoute M. le » Président du Conseil des Ministres) nous pa- » raît décisive sur cette question. La difficulté » qui se présente en ce moment existe depuis

» long-temps en Angleterre, et on y a pourvu » par le moyen que nous vous proposons; *n'est-» ce pas une preuve que c'est ce qu'il y a de » mieux à faire?* »

Toujours l'Angleterre prise comme *modèle*, comme *type de perfection!*

Toujours la France condamnée à l'imitation!

Et par qui de tels rôles sont-ils distribués?

Si c'était par des Anglais, *ou par nos inévitables*, je le concevrais!

« L'expérience n'est-elle pas, en cette ma-» tière (continue M. le Président du Conseil des » Ministres), le guide le moins susceptible de » nous égarer? ou croirions-nous, chez nous, les » garanties de confiance et d'investigations pu-» bliques moins rassurantes que chez nos voi-» sins. »

Quoi! voudrait-on aussi nous soumettre à la *nécessité* de déclarer *infaillibles* nos Ministres directeurs?

Mais ici, dès le premier pas, nous les trouvons en *erreur*.

Les faits sont matériels.

C'est pour cela que, dans mon *memento*, j'ai pris pour épigraphe :

« Il a fallu à l'Angleterre un laps de temps
» de vingt-quatre années pour reconnaître l'il-
» lusion d'une proposition romanesque, d'une
« absurdité absolué. Certes, un tel résultat ne
» peut pas être cité comme une preuve d'*infail-*
» *libilité*. Aujourd'hui que, par des combinai-
» sons intéressées, ou faussement politiques, on
» tâche, avec *acharnement*, de nous rabaisser
» au rôle modeste et peu digne d'imitateurs ;
» puisse cet exemple nous servir de leçon ! »

Il est donc évident qu'on peut tracer des régles fixes et invariables pour la direction, dans tous les cas, sans exception, du choix à faire relativement à l'emploi des fonds d'amortissement.

Ces régles sont tellement simples, je le répéte, qu'au moyen de la publication de détermination du directeur de l'amortissement, à chaque opération tout le public, dans chacune de ses subdivisions, pourra immédiatement se convaincre s'il y a *obéissance* ou *infraction* à la loi, et si la France est favorisée, ou si la faveur se reporte exclusivement sur les *inévitables* de Jérusalem.

Certes, ce sera là la plus sûre garantie de la trop grande extension des abus, et de l'arbitraire à craindre comme conséquence des antécédens, au moins, jusqu'à ce qu'il existe une véritable responsabilité ministérielle, réelle et matérielle, responsabilité si vivement *désirée*, et si *salutaire* à l'affermissement de la prospérité de l'État.

Des plaintes ! des observations !

Sont-ce là des *argumens* suffisans pour qui ne veut entendre, pour qui souvent à intérêt *matériel* à avoir l'air *de ne pas comprendre ?*

COURS RESPECTIFS

des 5 et des 3 pour 100, établissant, à égalité de dotation, égalité d'avantages pécuniaires par les rachats.

Je vais présenter les résultats du travail que j'ai fait, pour établir les cours respectifs des 3 et des 5 pour 100, auxquels d'égales sommes, consacrées aux rachats, procureraient égalité d'avantages pécuniaires pour les contribuables.

Cours qui se correspondent sous l'aspect d'égalité d'avantages.

Cours des trois pour cent.		Cours des cinq pour cent.	
fr.	c.	fr.	c.
64	»	80	»
64	20	80	25
64	40	80	50
64	60	80	75
64	80	81	»
65	»	81	25
65	20	81	50
65	40	81	75
65	60	82	»
65	80	82	25
66	»	82	50
66	20	82	75

Cours des trois pour cent.			Cours des cinq pour cent.	
fr.	c.		fr.	c.
66	40		83	″
66	60		83	25
66	80		83	50
67	″		83	75
67	20		84	″
67	40		84	25
67	60		84	50
67	80		84	75
68	″		85	″
68	20		85	25
68	40		85	50
68	60		85	75
88	80		86	″
69	″		86	25
69	20		86	50
69	40		86	75
69	60		87	″
69	80		87	25
70	″		87	50
70	20		87	75
70	40		88	″
70	60		88	25
70	80		88	50
71	″		88	75
71	20		89	″
71	40		89	25

Cours des trois pour cent.		Cours des cinq pour cent.	
fr.	c.	fr.	c.
71	60	89	50
71	80	89	75
72	″	90	″
72	20	90	25
72	40	90	50
72	60	90	75
72	80	91	″
73	″	91	25
73	20	91	50
73	40	91	75
73	60	92	″
73	80	92	25
74	″	92	50
74	20	92	75
74	40	93	″
74	60	93	25
74	80	93	50
75		93	75
75	20	94	″
75	40	94	25
75	60	94	50
75	80	94	75
76	″	95	″
76	20	95	25
76	40	95	50
76	60	95	75

Cours des trois pour cent.		Cours des cinq pour cent.
fr. c.		fr. c.
76....80	....	96.....//
77.....//	....	96....25
77....20	....	96....50
77....40	....	96....75
77....60	....	97.....//
77....80	....	97....25
78.....//	....	97....50
78....20	....	97....75
78....40	....	98.....//
78....60	....	98....25
78....80	....	98....50
79.....//	....	98....75
79....20	....	99.....//
79....40	....	99....25
79....60	....	99....50
79....80	....	99....75
80.....//	....	100.....//

OBSERVATIONS

Sur ce Tableau.

L'on doit remarquer que, dans ce tableau, les cours qui se correspondent sous l'aspect d'une égalité d'avantages, se trouvent toujours sur la même ligne.

Ainsi l'avantage en rachats cinq pour cent, au cours de 93 fr., est égal à l'avantage en rachats, 3 pour 100, au cours de 74 fr. 40 c.

Ainsi, lorsque le cours des 5 pour 100 sera à 93 fr., l'amortissement aura un *égal* avantage pécuniaire à racheter, soit des 5 pour 100 à 93 fr., soit des 3 pour 100 à 74 fr. 40 c.

Comme aussi l'amortissement aura *plus* d'avantages à racheter des 5 pour cent à 93 fr., que des 3 pour cent au dessus de 74 fr. 40 c.

Comme aussi l'amortissement aura *moins* d'avantages à racheter des 5 pour cent à 93 fr., que des 3 pour cent au dessous de 74 fr. 40 c.

Les conséquences de ce tableau méritent la plus sérieuse attention.

L'article 3 du second projet ne permet pas le rachat des 5 pour cent, au dessus du *pair* de 100 francs pour 5 francs.

Cette disposition, d'autant plus *sévère* que le *droit* n'en est pas *formellement* établi, et qu'il a été et est encore *contesté* par des autorités du premier ordre, ne pourrait, mettant même de coté l'influence de la *conscience*, des *convenan-*

ces, de la *loyauté* et de la *justice*, trouver d'excuse que dans l'avantage pécuniaire qui pourrait *ultérieurement* en résulter pour les contribuables.

Mais si, pour remédier à un mal, on engendrait, sans nécessité, une source de plus grands maux, il en résulterait qu'il aurait été plus *raisonnable*, plus *juste*, et sur-tout plus *politique*, de rester dans l'état *primitif*, que d'y substituer une situation encore plus *funeste* dans ses *éventualités*.

Or, comme il est évident qu'en rachetant des 3 pour pour 100 au dessus de 80 fr., on ferait éprouver aux contribuables une *perte* plus considérable, qu'en rachetant des 5 pour 100 à 100 fr. et au dessous; et comme tous les ordres de probabilités indiquent que, dans la supposition de l'adoption du second projet sans amendement, les 3 pour 100 qui, même avant leur naissance, sont déjà cotés à 80 fr., dépasseront promptement ce taux, par suite des combinaisons intéressées des *inévitables*, et au moins jusqu'au moment où le second acte de leur plan les portera à une *réaction* en baisse, *momentanée et seulement pour le temps des négociations du traité du grand emprunt*, que déjà signale M. le Président du conseil des Ministres, il s'ensuit que, sans fixa tion de limites fondées sur des rapports exacts, pour les rachats en 3 pour 100 de préférence aux rachats en 5 pour 100, et, par suite des propositions proclamées du haut de la tribune par M. le Président du conseil des ministres, l'amortissement se porterait de préférence sur des 3 pour 100 même au dessus de 80 fr., lors même que les 5 pour 100 seraient à 100 fr., d'où il résulterait pour les contribuables une perte *immense*, et pour les *inévitables* un bénéfice *colossal*, qui augmenteraient d'autant plus que le cours des 3 pour 100 se rapprocherait davantage du taux de 100 fr. pour 3 fr.

Dans l'état des choses, en supposant que le second projet ne dût pas être *rejeté en totalité*, il n'y aurait qu'un seul remède aux funestes conséquences de ses *éventualités*, dont tous les ordres de probabilités, par suite des dispositions ministérielles et de la *faveur obstinée* et *tenace*, accordée aux *inévitables*, présentent dans l'avenir des *détrimens énormes pour les contribuables*, ce serait de « *prescrire une règle positive* » *pour l'emploi des sommes affectées à l'amor-* » *tissement, dans le cas de l'adoption des pro-* » *jets ministériels sur la dette publique.* »

Si l'article 3 était adopté sans amendement, il serait fortement à craindre que, guidé par les propositions et le tableau de M. le Président du Conseil des Ministres, l'amortissement rachetât, *exclusivement*, des 3 pour 100, fussent-ils même au pair, plutôt que des 5 pour 100, même au dessous du pair.

Tel est le résultat, sans doute, des vœux, de l'espoir et des combinaisons des INÉVITABLES de *Jérusalem*.

Telle serait là l'une des NÉCESSITÉS que d'abord on a cherché à déguiser, mais que, depuis, forcé par la nature des discussions, on a formellement avouée.

Si, au contraire, la marche de l'amortissement est *dirigée* par des bases *fixes* et *invariables*, aucune disposition des fonds du rachat ne pourra plus être livrée à l'*arbitraire*, et la presque totalité des plans d'agiotage se trouvera *anéantie*.

En effet, comme d'après l'esprit du projet, les 5 pour 100, en concurrence sur la place avec des 3 pour 100, ne peuvent se soutenir au dessus du pair, sur-tout *dépourvus de toute influence d'amortissement*, que par les efforts des INÉVITABLES; et comme, par suite des amendemens, les chances de bénéfice de ces *respectables protecteurs* se trouveraient *diminuées*, il devra en ré–

sulter que les cours des 5 pour 100, obéissant aux fluctuations nécessitées par la balance entre les *besoins* et les *moyens de les satisfaire*, seront le plus souvent au pair, même plutôt quelque peu au dessous qu'au dessus, et, dès-lors, la diminution des bénéfices immenses qui, autrement, devraient résulter, au préjudice des contribuables, pour les INÉVITABLES, les porteront à délaisser les suites d'un plan d'accaparement général en France, pour reporter leur *bienveillante sollicitude* sur d'autres nations *plus abandonnées du ciel* ou *moins indignes de leurs éminentes faveurs.*

ENSEMBLE

du projet amendé.

En joignant aux amendemens nécessités par l'article 3, les amendemens que j'ai déjà proposés relativement à l'article 4, on aurait un ensemble de projet ainsi conçu (je soulignerai les additions):

DEUXIÈME

projet ministériel amendé.

Article 1er. « Les rentes achetées par la Caisse » d'amortissement, jusqu'au 22 juin 1825, ne » pourront être annulées ni distraites de leur » affectation au rachat de la dette publique. »

Article 2. « Les rentes qui seront acquises par la » Caisse d'amortissement, à dater du 22 juin » 1825, jusqu'au 22 juin 1830, seront rayées du » grand-livre de la dette publique, au fur et à » mesure de leur rachat, et annulées au profit » de l'État, ainsi que les coupons d'intérêts qui y » seront attachés au moment où elles seront » acquises. »

Article 3. « A dater du 22 mars 1825, les » sommes affectées à l'amortissement ne pour- » ront plus être employées au rachat des fonds » publics, dont le cours serait supérieur au » pair.

» *Toutes les fois que le cours des* 5 *pour* 100 » *ne sera pas au dessus de* 100 *fr.*, *l'amortisse-*

» *ment ne pourra acheter des 3 pour 100 au*
» *dessus du cours de 80 fr.*

» *Toutes les fois que le cours des 3 pour*
» *100 sera égal aux quatre cinquièmes du*
» *cours des 5 pour 100, l'amortissement s'effec-*
» *tuera moitié en 5 pour 100, moitié en 3 pour*
» *100.*

» *Toutes les fois que le cours des 3 pour 100*
» *dépassera les quatre cinquièmes du cours des*
» *5 pour 100, l'amortissement cessera ses ra-*
» *chats en 3 pour 100, et sera employé en*
» *totalité à des rachats en 5 pour 100.*

» *Toutes les fois que le cours des 3 pour 100*
» *sera moindre que les quatre cinquièmes du*
» *cours des 5 pour 100, l'amortissement cessera*
» *ses rachats en 5 pour 100, et sera employé*
» *en totalité à des rachats en 3 pour 100.* »

Article 4. « *Les propriétaires d'inscriptions*
» *de rentes 5 pour 100 sur l'État, auront, à*
» *dater du jour de la publication de la présente*
» *loi, jusqu'au 22 septembre 1825, la faculté de*
» *requérir du Ministre des finances la conver-*
» *sion en rentes 4 1/2 pour 100, au pair, avec*

» *garantie contre le remboursement, jusqu'au*
» 22 *septembre* 1835.

» Les rentes, ainsi converties, continueront
» à jouir des intérêts à 5 pour 100, jusqu'au
» 22 septembre 1825. »

Article 5. « Les sommes provenantes de la di-
» minution des intérêts de la dette, par suite des
» conversions autorisées par l'article précédent,
» seront appliquées à réduire, dès l'année 1826,
» d'un nombre de centimes additionnels corres-
» pondant, les contributions foncière, person-
» nelle, mobilière et des portes et fenêtres. »

RÉSUMÉ.

Si l'on n'amendait pas le second projet, et si l'on n'imposait pas une régle positive pour l'emploi des sommes affectées à l'amortissement ; tous les intérêts français seraient *ruinés*, et *sacrifiés* à l'insatiabilité dévorante des INÉVITABLES qui pressureraient, *sans mesure*, les rentiers, les indemnisés et les contribuables.

En effet, en admettant *ce qu'en ce moment on pourrait bien difficilement ôter de la pensée du plus grand nombre*, d'après l'éloge proclamé du haut de la tribune, par M. le Président du conseil des Ministres, des SERVICES rendus par ces *secourables personnages*, en rendant possible, si prompte et si commode une dépense de 300 millions pour l'affaire d'Espagne, et en daignant accepter 23 millions de nos rentes au prix de 89 francs que nous reprenons au prix de 103 fr.; *ce qui leur donne, à nos dépens, un bénéfice de* 60 *millions et plus*, ET AUGMENTE NOTRE CRÉDIT; admettant, dis-je, quelque peu d'influence, sur une direction déjà trop prononcée, de ce sentiment de reconnaissance pour de si *éminens services*, n'est-il pas présumable que le ministère, égaré par des intentions louables, sans doute, et par des sentimens auxquels il est si doux de céder, fera porter exclusivement l'action de toutes les sommes affectées à l'amortissement, d'abord sur les 3 pour cent dont se seront approvisionnés *les inévitables de Jérusalem* par leur CONVERSION?

Et ne serait-il pas évident que ces rachats exclusifs des 3 pour cent, en *déshéritant* les 5 pour cent de leur fonds d'amortissement, les *précipitera* au dessous de leur valeur et les fera tomber, sans appui, dans une *dépréciation* sans mesure?

Mais alors *ces pauvres délaissés* pourront

exciter la *générosité* des *inévitables* qui jetteront sur eux un *regard d'intérêt* et de *compassion.*

Ils quitteront donc les 3 pour cent qu'ils laisseront *brillans de valeur et de prospérité*, et dont ils sortiront brusquement avec *d'immenses bénéfices*, pour se porter au *secours* des 5 pour cent.

Ils s'en empareront dans leur état de *dépréciation*, les releveront successivement jusqu'à leur valeur réelle et au pair, pour les *quitter* alors, *car ils seront, à leur tour, brillans de prospérité*, et en sortiront avec de gros bénéfices encore;

Toujours des bénéfices énormes!

Cependant, les 3 pour cent privés du secours et de la faveur des *inévitables*, seront tombés à leur tour dans une *vilité* de prix.

Sortant des 5 pour cent, ils reviendront aux 3 pour cent, et jouant ainsi leur jeu, se portant à propos tantôt sur les 5, tantôt sur les 3, ils engloutiront toute la fortune publique.

Les rentiers, les indemnisés, les contribuables, tous seront ruinés.

Cette ruine totale résultera principalement de la *concurrence* sur la place des deux natures de rentes en 5 et en 3 pour cent, ce qui permettra à l'agiotage de se porter alternativement sur l'une et sur l'autre, de faire *la hausse et la baisse* sur l'une et puis sur l'autre, et d'en *prélever les différences de prix :* ce qui n'arriverait pas s'il n'existait sur la place qu'une seule valeur ou nature de rentes ; car cette valeur *unique*, une fois portée au pair, comme aujourd'hui, s'y fixerait à peu près, et l'agiotage n'y prendrait pas de fortes différences.

Nous sommes poussés à une conversion de la dette publique en rentes 5 et 3 pour cent.

Qui ne voit en cela *le grand intérêt*, celui des *inévitables* qui conseillent ET NE PAYENT PAS LES PERTES ?

Dans la perspective des *orages* et des *bouleversemens* qui nous *menacent*, ne serait-il pas à craindre que, dans la terreur qu'ils causeront, les idées se perdant, les sommes affectées à l'amortissement ne soient portées exclusivement aux rachats, tantôt des 5 pour cent et tantôt des 3 pour cent, suivant *le gré, l'intérêt, les conseils* et la *direction* des INÉVITABLES, et suivant les circonstances qu'ils auront fait naître, qui nous embarasseront et *ne les surprendront pas*.

Ce serait un grand malheur que cette *versatilité*.

Il y a donc *nécessité* de poser une régle *positive* pour l'emploi des sommes affectées à l'amortissement, *dans le cas de l'adoption des projets ministériels*. . . . .

. . . .

Rien n'est plus *juste*, plus *simple* et plus *facile* que de *poser* cette régle positive, et je crois bien en avoir démontré clairement les élémens et les bases.

Sans régle aucune, l'humaine sagesse peut s'égarer : c'est un mal de nature.

Nobles Pairs, vous avez entendu, l'année dernière, avec émotion, les sentimens de vénération du peuple français ; vous en recueillerez de nouveau cette année l'expression franche et durable !

. . . .

ARMAND SÉGUIN.

TABLE

DES MATIÈRES.

FIN DE LA TABLE.

www.ingramcontent.com/pod-product-compliance
Ingram Content Group UK Ltd.
Pitfield, Milton Keynes, MK11 3LW, UK
UKHW021115290826
14628UKWH00014B/2208

9 782019 641207